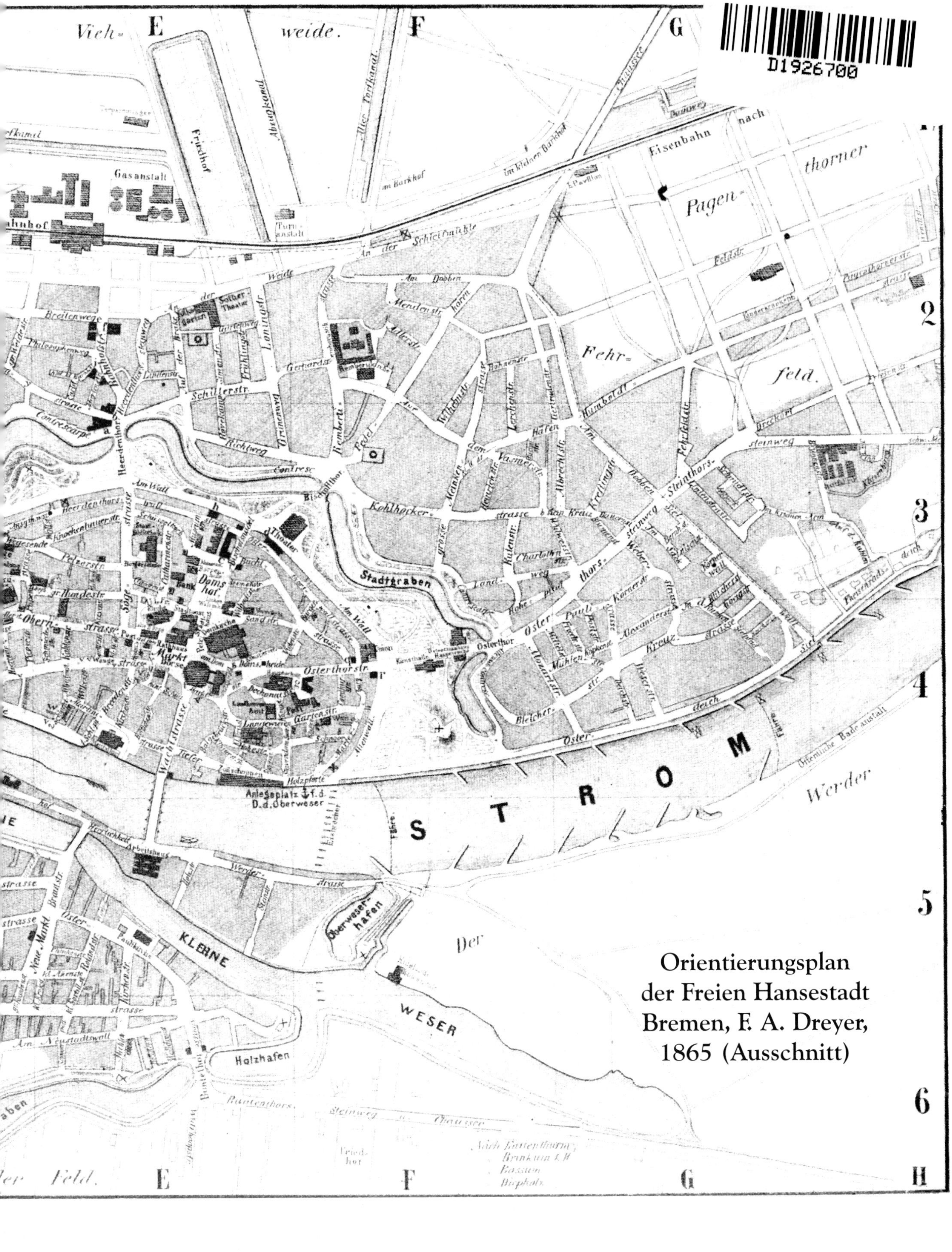

Orientierungsplan
der Freien Hansestadt
Bremen, F. A. Dreyer,
1865 (Ausschnitt)

Nils Aschenbeck

Bremen 1860–1945

Ein photographischer Streifzug

EDITION TEMMEN

Die Deutsche Bibliothek - CIP-Einheitsaufnahme
Bremen 1860–1945 : ein photographischer Streifzug / Nils Aschenbeck. -
Bremen : Ed. Temmen, 1996
ISBN 3-86108-286-1
NE: Aschenbeck, Nils

Hohenlohestr. 21 – 28209 Bremen
Tel. 0421-344280/3478292, Fax 0421-348094
Herstellung: Edition Temmen
Druck: Interdruck Graphischer Großbetrieb GmbH

ISBN 3-86108-286-1

Bremen 1860–1945

»...es wird dem Menschen wohl in dieser Stadt«

Bremen gehörte um die Jahrhundertwende ohne Zweifel zu den schönsten Städten in Deutschland. Die Altstadt mit ihren schmalen Gassen und den vielen giebelständigen Kaufmannshäusern galt als ein architektonisch geschlossenes Kunstwerk. Das Stephaniviertel, das Weserufer, die Langenstraße und der Schnoor wurden genauso wie der Marktplatz oder die Ansgarikirche von Fremden und Einheimischen gleichermaßen bewundert und geschätzt.

Blick von der Langenstraße auf den Dom.

Das Bild entstand Ende der 20er Jahre.

Der Reiseschriftsteller Joseph Meyer besuchte Bremen in der Mitte des vergangenen Jahrhunderts. Sein Bericht ist eine wichtige zeitgenössische Quelle, die den Charakter und das Erscheinungsbild der alten Hansestadt dem heutigen Leser eindrucksvoll vor Augen führt.

»Bremen hat Besseres. Es hat den ansprechenden Ausdruck einer frischen, kräftigen, fleißigen, frohen behaglichen Bürgerlichkeit. Es sagt nicht: schau' mich an und bewundere! – Aber das Gemüth heimelts an, es wird dem Menschen wohl in dieser Stadt, wo Ehrbarkeit, Zucht, Fleiß und Sitte neben Bildung und Weltkenntnis in so anspruchslosen Formen sich bewegen.

Der breite Strom der Weser, welche vierzehn Meilen weiter abwärts in die Nordsee mündet, theilt Bremen in zwei Hälften von ungleicher Größe: – in die Alt- und Neustadt. Aus dem bevölkerten Theile, der Altstadt, führen kleine Brücken zum linken Ufer. Außerhalb der ehemaligen Wälle strecken sich die Vorstädte ins Land. Der Umfang der Stadt mit den Vorstädten ist etwa drei Stunden. Auf dem Raum der ehemals starken, zu Anfang dieses Jahrhunderts geschleiften Festungswerke ist ein Park angelegt, welcher die Altstadt in einem Halbkreise umfaßt, der an den beiden Enden die Weser berührt. Diese Anlage wetteifert mit den schönsten städtischen Umgebungen Deutschlands. Promenaden wechseln ab mit fließenden Wassern, Licht- mit Schattenpartien, Buschwerk mit Hochwald, und die prächtigen Blumenparterre's werden mit holländischer Sorgfalt gewartet und gepflegt. Die schönsten Straßen münden an ihrem Saume, die stattlichsten Häuser stehen an ihrem Rande, und viele Punkte geben freundliche

Fernsichten über Fluß und Stadt, Wiesen und Gärten. – Die Bauart ist in der Altstadt alterthümlich, ächtes deutsches Stadtgepräge, wie es uns in Nürnberg, Ausgburg, Lübeck erfreut: Häuser mit schmalen Fronten, die hohen Giebel den engen, krummen Straßen zugewendet, Erker an den großen Gebäuden: Alles solid von Stein, höchst reinlich und wohlerhalten. Die alte, reiche Hansestadt guckt noch ganz anmuthig aus ihrem stattlichen Kleid.

Heiter, selten prächtig und anmaßlich, ist die Bauart der Neustadt. Die Häuser derselben streben nach Schönheit und Wohnlichkeit, und sie ehren, mit wenigen Ausnahmen, den Geschmack der Bauherren. Paläste, wie sie sich Hamburgs reiche Kaufleute in der neuen Zeit errichteten, an denen eine glänzende Dekoration die Ideenarmuth der Erbauer und den Ungeschmack der Zeit umsonst zu verhüllen trachtet, sieht man in Bremen wenige, und der verständliche Sinn der Bremer Geldleute schützt vor der Sucht, nachzuahmen. Das, was Manchem verderblich werden könnte. – Gegenwärtig zählt Bremen etwa 7000 Häuser mit einer an die 60 000 reichenden Bevölkerung.

Die Stadt nimmt rasch zu. Es treibt und sproßt in ihr ein jugendlicher frischer Geist, und trotz der 1000 Jahre, die sie in Ehren zählt, ist an keine Schwäche und an kein Rückwärtsgehen zu denken. Alles ist Wachsen und Entfalten, fast wie in einer jungen Stadt der neuen Welt. Daß der Einfluß des ununterbrochenen und innigsten Verkehrs mit dem jugendlichen Nordamerika auf Bremen anregend und belebend zurückwirkt, ist nicht zu verkennen und für Bremens Entwicklung von Bedeutung …

Unter den Tempeln ist die Ansgarikirche mit ihrem 324 Fuß hohen Thurme (dem höchsten Bremens) die sehenswertheste. – Die Hansazeit findet im alten Rathaus ihren monumentalen Repräsentanten. Vor demselben steht eine kolossale Statue Rolands, des Helden der deutschen Sage, ein Kunstwerk uralter Zeit, ungeschlacht und roh von Form und Arbeit. Die größte Merkwürdigkeit des Rathauses ist aber, wie die des Doms, unter der Erde: der Keller, mit den köstlichsten und ältesten Rheinweinen, deren Tropfen sich nach Pistolen berechnen, denn wenn der Hochheimer von 1624, welcher hier lagert, im Ankauf auch nur 500 Thaler das Stück kostet, so kömmt er, Zins auf Zins gerechnet, der Republik jetzt auf etwa 15 Millionen Pistolen oder 150 Millionen Gulden zu stehen! Kein Kaiser und kein König kann sich eines solchen Besitzes rühmen, und eine originellere Idee über nützliche Anlage der Staatsgelder ist wohl selbst Laws Haupt nicht entsprungen …

Jeder mag jetzt für sein Geld den ächten rheinischen Sorgenbrecher an der lautersten Quelle nippen, und es kommt keine Notabilität nach Bremen, der die Gastfreundschaft

Marktplatz und Unser-Lieben-Frauen-Kirchhof mit Kaiser-Wilhelm-Denkmal um 1903.

in jenen Hallen nicht eine Güte thäte. Gesang und Spiel tönen dann oft durch die weiten Gewölbe, bis der Hahnruf die Zecher fortscheucht ...

Auch heute noch steht Bremen fest bei seinem Rechte und der gewährleisteten Freiheit. Der tüchtigste Kern und Halt dieser braven und derben Gesinnung, die durch alle Stände geht, liegt im Bremer Kaufmann. Er ist in der Regel weit gereist, er hat das Leben der Völker von vielen Seiten kennen gelernt, und sein praktischer beobachtender Blick weiß das Gute und Schlechte mit seinen Ursachen schnell und leicht zu finden. Fast jeder hat einige Jahre in den Freistaaten Nordamerikas gelebt, und solche Männer können niemals so beschränkte und vernagelte Köpfe sein, wie unsere Stu-

Bis zum Zweiten Weltkrieg stand eine eindrucksvolle Packhausfront an der Weser. Das Bild wurde vom Stephaniviertel aus aufgenommen.

bengelehrten und Kollegienmenschen, welche an der Scholle kleben und Lebenserfahrung in ihren Büchern und Akten suchen. Dabei verliert er nie den soliden Sinn, er hat gesehen und erfahren, daß die Wind- und Wortmacherei überall nichts frommt. 'Vorwärts'! ist und bleibt sein Wahlspruch, aber sein Vorwärts geht nicht in Bocksprüngen, sondern kräftigen gemessenen Schritts, weil er überzeugt ist, daß nur das allmählig und mühsam Errungene festzuhalten ist, so im Leben des Staats, wie im Leben des Einzelnen.«

Nach 1871, nach dem Krieg gegen Frankreich, begann der industrielle Aufstieg auch in der Handelsstadt an der Weser. Ein tiefgreifender Wandel der Stadt setzte ein.

»Man weiß, wie der ersten Eisenbahnlinie die anderen folgten, wie die Häfen durch immer neue Erweiterungen dem gewachsenen Verkehr zu genügen suchten und dem von der Zukunft erhofften die Arme entgegenstreckten, wie eine Dampfschiffahrtsgesellschaft nach der anderen entstand«, schrieb Hermann Entholt, ein Bremer Schriftsteller, 1924.

»Die achtziger Jahre zeigen drei große Marksteine der Entwicklung auf: Bremens Eintritt in den Zollverein ..., die Erbauung des Freihafens ... und die Korrektion der Unterweser durch Ludwig Franzius. Das Jahr 1890 brachte die Nordwestdeutsche Gewerbe- und Industrie-Ausstellung, die das Charakterbild der bis dahin immer noch nach außen hin sehr abgeschlossenen Stadt entschieden veränderte. 1902 endlich erfolgte die Einweihung der Baumwollbörse, womit bewiesen wurde, welcher der wichtigste unter den Rohstoffen des bremischen Handels geworden war. ... Außer diesem alten Arbeitsfelde des bremischen Kaufmanns, dem Handel, ist in den letzten Jahrzehnten ein neues erschlossen worden, fast allzu rapide, die Industrie, die nicht an den Erzeugungsstellen der heimischen Rohprodukte und an der Nähe der Steinkohlenbergwerke haften blieb, sondern ihren Sitz auch am Wasser aufschlug, wo der breite Strom seinen Rücken darbot, um die Erzeugnisse deutschen Gewerbefleisses über das Meer zu führen. Aus dem kleinen altbremischen Schiffbau entstanden riesige Werften, allen voran seit 1872 die Aktiengesellschaft 'Weser'. ... Bis auf die Gegenwart hat der bremische Unternehmungsgeist nicht aufgehört, sich zu betätigen.«

Doch trotz aller Unternehmungen und trotz der jungen Großindustrie wurden Fortschritt und Modernisierung der städtischen Architektur nicht ziellos vorangetrieben. Planer, Bauherren und Architekten, die im alten, verwinkelten Bremen lebten, besaßen ein Gespür für das Gesamtbild Stadt. Städtebauliche und architektonische Fragen wurden breit diskutiert. Brückenentwürfe beispielsweise wurden verworfen oder hoch gelobt, mißlungene Bauten, die den historischen Stadtkern aufbrachen, scharf kritisiert, gelegentlich sogar – wie die Baumwollbörse – bald nach Fertigstellung wieder zurückgebaut. Ein starkes städtisches Selbstbewußtsein fand seinen

Neben dem Kornhaus führte eine kleine Gasse an die Weser. Das Bild, das um 1906 aufgenommen worden ist, zeigt das Haus Fangturm 1.

Bremen befindet sich im steten Wandel. Auch am Marktplatz wurden in den vergangenen Jahrhunderten und Jahrzehnten immer wieder Bauten abgerissen und neu errichtet. Die Photographie von 1885 zeigt die alte Börse auf dem Unser-Lieben-Frauen-Kirchhof, die dort von 1695 bis 1888 stand. Der Börsenkeller ist bis heute erhalten geblieben: als Bacchuskeller des Ratskellers.

Ausdruck sowohl in der Bewahrung des alten Baubestandes, wie beispielsweise in der Rettung des bedrohten Essighauses oder in historisierenden Neubauten wie dem Deutschen Haus am Markt, als auch in den zahlreichen die Heimatstadt thematisierenden Zeitungsaufsätzen und in vielen enthusiastischen Bremen-Büchern. Aber es wurde nicht nur Altes bewahrt oder rekonstruiert, sondern auch Neues, Zeitgemäßes geschaffen: In den Jahren 1860 bis 1939 entstanden zahlreiche moderne Verwaltungsgebäude und große Geschäfts- oder Kaufhäuser. So entfaltete sich bis in die dreißiger Jahre dieses Jahrhunderts ein harmonisches Miteinander von Gebäuden unterschiedlichster Epochen und Stile: Weserrenaissancefassaden folgten auf Paläste der Gründerzeit, frühbarocke Kaufmannshäuser behaupteten sich gegen vertikale Kaufhausfassaden.

Dieses alte Bremen wurde im Krieg weitgehend zerstört. Nach dem Krieg jedoch hätte Bremen eine geschlossene Altstadt zurückerhalten können. Die prachtvollen Fassaden der Kaufmannshäuser standen zumeist noch, wenn auch als Ruinen. Doch nach dem Krieg verfolgten die Bremer Planer konsequent die Modernisierung der Stadt. Die neue Ordnung wurde vom Verkehr vorgegeben. Noch in den 60er Jahren wurden Parkhäuser direkt in die Altstadt gestellt, wurden vierspurige Straßen durch gewachsene Quartiere geschlagen. Allein Traditionsinseln wie der Marktplatz, der Schnoor oder die Böttcherstraße blieben weitgehend verschont von dem Wunsch, ein »modernes« Bremen zu schaffen. Heute wissen wir, daß viele der städtebaulichen Entscheidungen der Nachkriegszeit Fehlentscheidungen waren. Deshalb erscheinen uns die letzten Fragmente, die vom alten Bremen geblieben sind und die Photographien, die uns das vergangene Stadtbild beschreiben, als so wertvoll.

In dem folgenden photographischen Streifzug durch das alte Bremen lebt ein eindrucksvolles Stadtbild wieder auf. Die Ansichten, die in verschiedenen privaten Sammlungen, im Archiv der Bremer Lagerhaus Gesellschaft und im Staatsarchiv gefunden wurden, waren einer breiten Öffentlichkeit bisher zumeist nicht zugänglich. Um so mehr Freude wird es dem heutigen Betrachter machen, das alte Bremen neu zu entdecken.

Bremen 1860 – 1945
Ein photographischer Streifzug

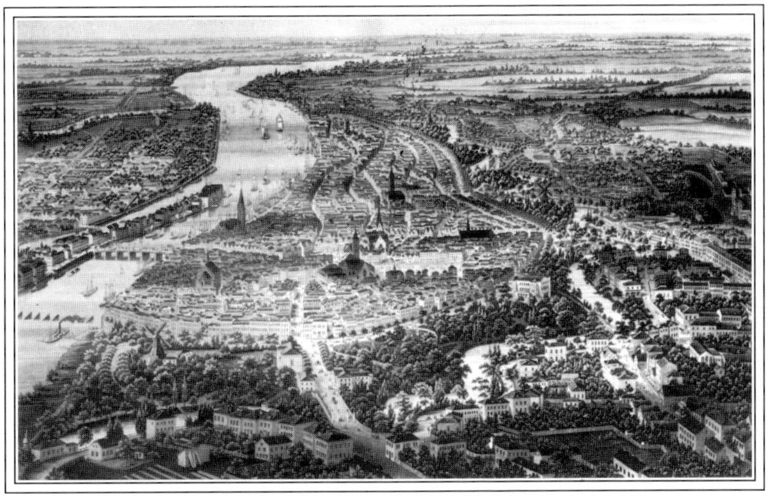

Bremen aus der Vogelperspektive, 1850

Der Blick auf den Teerhof im Jahr 1928 zeigt die enge, burgähnlich wirkende Packhausbebauung.

Blick vom Westen auf die Weserfront Bremens. Im Hintergrund des Bildes erkennt man die Türme der Stadt: die Domtürme, der Treppenturm der Baumwollbörse, der spitze Turm der Martinikirche und ganz rechts die Wasserkunst, ein wie ein gotisches Schloß verkleideter Wasserturm.

Bremens Altstadt bildete eine gewachsene Einheit. Kleine giebelständige Kaufmannshäuser, große Kontorhäuser wie die Börse und große Kirchenkomplexe wie der Dom mit seinen Nebengebäuden stehen harmonisch beieinander. Selbst der Karstadt-Bau, der gerade hochgezogen wird, zerstört noch nicht das Gefüge.

Auch die Plätze erscheinen um 1930, obwohl in Lage und Form unverändert, ansprechender als heute. Auf dem Marktplatz stehen noch, wie es sich für einen Marktplatz gehört, Marktbuden und der Domshof wird von einer anheimelnden Baumreihe umgrenzt.

Die Neubauten der Börse am Marktplatz (links unten im Bild) und der Baumwollbörse an der Wachtstraße (Bildmitte) entstanden im Geflecht der alten Kaufmannsstadt. Zahlreiche Häuser, teilweise noch aus gotischen Zeiten stammend, mußten für die beiden mächtigen Kontorblöcke abgerissen werden. Doch um 1930, als das Luftbild aufgenommen wurde, waren noch längst nicht alle kleinen Kaufmannshäuser der Modernisierung geopfert. An der Balgebrückstraße erkennt man noch die vielen ineinandergeschachtelten Häuser und Gebäude, die dann nach dem Krieg abgerissen wurden.

Schönheit entsteht durch Kontraste. Die vertikalen Giebelhäuser der Altstadt bildeten einen scharfen Gegensatz zum Weserstrom und zum Grün der Wallanlagen. Kleine Kaufmannshäuser standen unvermittelt neben prachtvollen gründerzeitlichen Palästen. Hohe Türme erhoben sich zwischen engen Gassen.
Das Luftbild zeigt den Zugang zur Altstadt über die Börsenbrücke, die damals (April 1928) noch in die Wachtstraße mündete. Man erkennt gut das engbebaute Quartier an der Balgebrückstraße. Direkt an der Weser, oberhalb der heute noch existierenden Arkaden, sind Schuppen sichtbar, in denen einst die Waren der Binnenschiffahrt verzollt wurden.

Dieses Luftbild, ebenfalls im April 1928 aufgenommen, zeigt neben den Baublöcken von Gericht, Untersuchungsgefängnis und Polizei die Kaufmannshäuser an der Marterburg. Am rechten Bildrand erkennt man die Wallanlagen.

Im 19. Jahrhundert wurde städtischer Raum inszeniert. Denkmäler aus Bronze und Stein entstanden, Plätze und Straßenzüge wurden zu Blickachsen kombiniert.

Vor dem westlichen Rathauseingang wurde 1893, fünf Jahre nach Abriß der Alten Börse, das Kaiser-Wilhelm-Denkmal aufgestellt. Dort wo heute das Haus der Bürgerschaft steht, war 1864 die »Neue Börse« errichtet worden, deren neugotische Fassade bis zum Abriß nach dem Krieg den Marktplatz beherrschte. An der Südostseite des Marktplatzes überragt der Turm der 1902 fertiggestellten Baumwollbörse die Bauten der Nachbarschaft.

Zwischen Dom und Rathaus wurde 1893 der Wilhadi-Brunnen aufgestellt. Die Plastik von Richard Neumann sollte an den Erbauer des ersten Doms, an Bischof Wilhadi erinnern. Das Kunstwerk wurde 1940 eingeschmolzen.

Erst 1952 mußte das Brunnenbecken einer Stadtplanung weichen, die weite unverstellte Platzflächen bevorzugte.

Die Zeiten überstanden hat hingegen das 1910 enthüllte Bismarck-Denkmal, entworfen von Adolf Hildebrand. Der »Petroleumkönig« Franz Schütte hatte das Reiterstandbild damals finanziert.

Die neue Börse am Marktplatz wurde 1864 fertiggestellt, ein prachtvoller Bau in neugotischen Formen. Der große Saal war der Sakralraum des Handels und der Wirtschaft. Das von Peter Jansen angefertigte Wandbild an der Schmalseite des großen Saals zeigt die »Kolonisation der Ostseeprovinzen durch die Hanse«. Die Börse wurde im Krieg schwer beschädigt, aber nicht vollkommen zerstört. Die Fassade zum Marktplatz hin stand noch, einige Wandbilder waren – nur leicht beschädigt – erhalten. Dennoch wurde der bis zur Börsenpassage reichende Haupttrakt der Börse mitsamt künstlerischer Ausstattung abgerissen.

Die Bremer hatten den gründerzeitlichen Palast nie geschätzt. Den meisten schien er zu groß, zu protzig. Die Kriegszerstörungen waren willkommener Anlaß, den wuchtigen Bau endlich loszuwerden. Ausgerechnet in Königsberg (Kaliningrad) hat eine von Heinrich Müller entworfene Börse Krieg und Nachkriegszeit unbeschadet überstanden.

Das um 1870 aufgenommene Foto zeigt die alte Bebauung an der östlichen Domsheide, die für das neue Gerichtsgebäude abgerissen werden mußte.

Auf der Domsheide stand seit 1856 das Gustav-Adolf-Denkmal von Benedict Fogelberg, das ursprünglich für Göteborg bestimmt war, jedoch nach einem Schiffbruch als Strandgut nach Bremen gekommen ist. Wie die meisten Bremer Denkmäler wurde es 1940 eingeschmolzen, um als Munition Wiederverwendung zu finden.

Rechts im Bild, dort wo heute das Postamt steht (1879 fertiggestellt), lag damals der sogenannte Eschenhof, dessen Portal erhalten geblieben ist. Es markiert den Eingang des Postanbaus an der Ostertorstraße, Ecke Dechanatstraße.

Das um 1890 aufgenommene Foto zeigt das Domkapitelhaus mit Saalanbau an der Domsheide. Im Hintergrund erkennt man noch den niedrigen alten Domturm. Der Saalanbau, den Börsenarchitekt Heinrich Müller gestaltet hatte, wurde damals vom Bremer Künstlerverein genutzt.

Am 26. Januar 1915 brannten Domkapitelhaus und Saalbau nieder. Das Foto auf der rechten Seite entstand unmittelbar nach dem Brand.

Im Jahr 1880, als das Foto links oben aufgenommen wurde, gab es nur einen einzigen und zudem noch recht niedrigen Domturm. Am 27. Januar 1638 war der südliche Turm nach Jahren der Vernachlässigung eingestürzt. Rechts im Bild erkennt man den Rutenhof. Die südliche Platzbegrenzung des Domshofs bildet der schlichte, weiß verputzte Stadthof.

In den Jahren 1888 bis 1901 bekam der Dom dann sein heutiges Erscheinungsbild (links unten). In einem Reiseführer hieß es 1896: »*In den letzten Jahren ist die ganze Westfront der Kirche nach den Plänen der aus einer Concurrenz siegreich hervorgegangenen Architekten Salzmann in einer dem historischen Charakter der Kirche vorzüglich gerecht werdenden Weise erneuert. Der untere Theil der Thürme und des Mittelbaues ist in frühromanischer, der obere Theil in spätromanischen und frühgotischen Formen aufgeführt. Die Krönung der Thürme bilden achtseitige Pyramiden.*«

Die enge Bischofsnadel um 1880 (oben): Im Hintergrund erkennt man den alten Domturm im Zustand vor seiner Umgestaltung. Eine Unterführung unter die Straße Am Wall gab es damals natürlich noch nicht. Die enge Bischofsnadel öffnete sich sanft zum Wall.

An der westlichen Seite des Domshofs wurde 1874 der »Rutenhof« vom Architekten Lüder Rutenberg errichtet (Zweites Haus von links). Das Gebäude beherbergte im Keller und im Erdgeschoß eine Gaststätte, darüber lagen Büros. Im Lichthof befand sich ein Bild von Arthur Fitger. Der Weinkeller war von Heinrich Vogeler ausgestaltet worden.

Der für Bremen immer ein wenig zu große Domshof diente in seiner Geschichte als Parade-, Versammlungs- und Hinrichtungsstätte. Im 18. und 19. Jahrhundert wurde der Domshof zu einem zentralen Verkehrsknotenpunkt. Hier war die Haltestelle für die wichtigsten Überlandkutschen.

Direkt im Anschluß an den Rutenhof wurde 1891 der monumentale Neubau der Deutschen Bank errichtet, der bis auf ein verändertes Dachgeschoß Krieg und Nachkriegszeit überstanden hat.

In »Scheller's Führer durch Bremen« von 1896 heißt es: *»Er ist in Mittenberger Main-Sandstein ausgeführt und erhebt sich bis zu 22 m Höhe, bildet mit den kräftigen Quadern des Erdgeschosses und den colossalen Säulen und Pilastern der Obergeschosse, gekrönt von hoher Attica und dem steilen Schieferdach, am Domshof einen mächtigen Mittelscheit seiner Ostseite. Die inneren, dem Bankgeschäfts-Zwecken dienenden Räume ... sind mit allen praktischen Einrichtungen versehen, verbunden mit dem modern eingerichteten Lesezimmer, feuerfester Stahlkammer, Telephon etc.«*

Das 1819 auf den Grundmauern des erzbischöflichen Palatiums errichtete Stadthaus beherbergte städtische Dienststellen und auch die Stadtpost. Es wurde 1909 durch den Rathausanbau ersetzt. Rechts im Bild erkennt man den Turm der Unser-Lieben-Frauen-Kirche.

Im Jahr 1888 wurde auf dem Domshof der Teichmann-Brunnen aufgestellt, ein Kunstwerk des Münchner Bildhauers Maison. In einem zeitgenössischen Reiseführer heißt es: »*Ein riesiges Seeungetüm, halb Mensch, halb Seepferd, die Allegorie der Welle, hebt auf seinem Rücken ein Schiff über einen aus der Wasserfläche hervorragenden Felsen hinweg. Am Steuer des Schiffes sitzt ein wetterharter Seemann und über ihm schwebt Mercur, in der erhobenen rechten Hand das Zeichen des Friedens, den Ölzweig, schwingend, während die linke Hand den Lebensnerv alles Handels und Verkehrs, das Geld, faßt. Im Wasser und an den Seiten des Schiffes sind die dem Schiffer drohenden Gefahren angedeutet, ein aus dem Wasser hervorschiessender Hai, eine an den Schiffsplanken sich emporhebende Seenixe und eine Riesenkrabbe.*«

Auch dieser Brunnen wurde 1940 eingeschmolzen.

Im Jahr 1785 wurde der Neubau des St.-Petri-Waisenhauses am Domshof eröffnet. Der schlichte Bau mußte ein gutes Jahrhundert später dem Neorenaissance-Palast der Bremer Bank weichen. Auch an seinem neuen Standort, an der Hamburger/Ecke Stader Straße, hatte das Waisenhaus nicht lange Bestand. 1922 zog es nach Osterholz.

Im Hintergrund rechts sieht man die Vierungskuppel des Doms.

Das um 1905 aufgenommene Bild zeigt den Blick vom Domshof in den Schüsselkorb. Der Schüsselkorb war bis nach dem Zweiten Weltkrieg eine schmale Straße. Um genügend Raum für den Straßenverkehr und für die Bushaltestelle zu schaffen, wurden noch 1961 einige Geschäftshäuser und der Chor des ehemaligen Katharinenklosters abgerissen.

Vermutlich Rathausarchitekt Lüder von Bentheim hat im letzten Jahrzehnt des 16. Jahrhunderts die Sonnenapotheke an der Sögestraße errichtet. Um 1890 kam es zu einer Umgestaltung des Erdgeschosses nach damaligem Zeitgeschmack.

Das Foto zeigt den Bau kurz vor Ausbruch des Zweiten Weltkriegs. Im Krieg wurde die Apotheke schwer beschädigt. Die Bentheim-Fassade allerdings stand auch im Sommer 1945 noch. Leider unterblieb eine Wiederherstellung.

An der Ecke Sögestraße/Pelzerstraße befand sich einst die Hut-Fabrik Tousseint. Das Foto rechts zeigt das Gebäude Ende des 19. Jahrhunderts.

Das um 1935 aufgenommene Foto zeigt ein stolzes Neorenaissance-Geschäftshaus an der Ecke Herdentor/Am Wall. Der Bau mit rustiziertem Erdgeschoß und einem Piano Nobile scheint einem Florentiner Palazzo nachempfunden. Links im Hintergrund erkennt man das im Krieg ausgebrannte Staatstheater. Heute wird die Straßenkreuzung von dem monumentalen Bau der Stadtwerke beherrscht, der in den 50er Jahren errichtet worden ist.

Auf dem von einem Domturm aus fotografierten Stadtpanorama erkennt man von links nach rechts den 102 Meter hohen Turm der Ansgarikirche, den Turm der Liebfrauenkirche und den 75 Meter hohen Turm des Norddeutschen Lloyds.

Auf der rechten Seite ist eine Straßenszene auf der Sögestraße abgebildet. Im Jahre 1929 schrieb die Schriftstellerin Sophie Dorothee Gallwitz über ihr Bremen: *»Bremen ist eine Symphonie von besonderen Lauten und Tönen, wodurch sich die Stadt dem Ohr kenntlich macht. Wüßte er es nicht, erführe es der nach langer Abwesenheit Zurückgekehrte durch ein paar Nacht- und Frühstunden, daß er wieder in ihren Mauern ist. Da ist das charakteristische ferne Gespräch, das die Uhren hoch über der Stadt miteinander haben; da krähen ganz unstädtisch aus irgendwelchen Hofgelassen Hähne dem werdenden Morgen entgegen und werden abgelöst von Sirenen, deren Geheul vom Hafen und den großen Werken her in die erwachende Stadt einfällt. Und zwischen dem Dauerlärm der Straße suchen auch heute immer noch an ruhigeren Stellen einzelne Stimmen mit langgezogenen Rufen von schwer deutbaren Worten sich zu Gehör zu bringen: der Bauer aus dem Moore, der Torf anpreist; der Lumpensammler; die Frau, die mit Körben voll Granat auf Handel geht.«*

ERNST
JUWELIE

Die Obernstraße kurz vor dem Ersten Weltkrieg (oben): An der linken, der nördlichen Straßenseite erkennt man den Neubau des Wahrenhauses Heymann & Neumann von 1912.

Der Blick in die Obernstraße Richtung Westen (rechts) zeigt die gründerzeitliche Bebauung mit den vielen Giebeln und Erkern. Links im Bild erkennt man den 1922 fertiggestellten Bau der Schröderbank, rechts das Haus Rolandseck.

An der Hutfilterstraße befand sich einst das »Kaiser-Panorama« (rechts unten), um die Jahrhundertwende eine Institution nicht nur in Bremen. Das Kaiser-Panorama bestand aus einem großen runden Holzkasten, um den 25 Personen Platz fanden. Durch Gucköffnungen konnten die Besucher einzelne Bilder, die alle paar Minuten gewechselt wurden, stereoskopisch betrachten. Vor allem handkolorierte Diafolgen von fernen Landschaften wurden gezeigt.

WEINSTUBEN
NIEMEYER

Schlotte

Die Ansgarikirche galt bis zum Krieg als die schönste Kirche in Bremen. Das Kirchenschiff ging auf das 13. Jahrhundert zurück, der Turm auf das 14. Jahrhundert. Am 1. September 1944 stürzte der Turm nach verheerenden Bombentreffern auf das Langhaus und zerstörte es.

Obwohl viele Bremer den Wiederaufbau wünschten und obwohl zahlreiche Bauteile von Privatleuten geborgen und gesichert waren, wurde das Grundstück an den Warenhauskonzern Hertie verkauft. Heute steht hier das Geschäfts- und Bürohaus Bremer Karree.

Auf der Luftaufnahme der Altstadt zwischen Ansgaritor und Sögestraße (rechte Seite) erkennt man gut die kleinteilige Struktur der Altstadt. Im linken Teil des Bildes liegt die Ansgarikirche mit ihrem schlanken Turm und dem dreigeteilten Langhaus. Im oberen Teil sind die Wallanlagen zu erkennen.

Die schmale Hutfilterstraße (links oben) wurde von dem hohen Turm der Ansgarikirche beherrscht. Ende des 19. Jahrhunderts, so hieß es, stand der Ansgarikirchturm an 13. Stelle der Liste der höchsten Türme der Welt. Inzwischen ist aus der schmalen Straße eine breite Einkaufsmeile geworden.

Das Bild oben rechts zeigt die Knochenhauerstraße in den 30er Jahren, im Hintergrund sieht man den hohen Turm des Lloyd–Verwaltungsgebäudes.

Die Knochenhauerstraße, die Straße der Schlachter, entwickelte sich im 19. Jahrhundert zu einem Viertel der Handwerksbetriebe und Gaststätten.

Die Knochenhauerstraße 12 beherbergte laut einem Bremen-Führer von 1912 das »Del Monico«, eine »High Life American Bar« mit »intimen Konzert« und »eleganten Salons« in der ersten Etage. Nur wenige Meter entfernt lag die »Fledermaus«. Hier wurden Musik, Gesang, Tanz und das »Fledermaus-Büfett« geboten.

Der Architekt Simon Loschen verwandelte 1862 Fragmente der alten, in der Reformationszeit säkularisierten Jacobikirche in ein Restaurant. Die »Jacobi-Halle« gehörte neben dem Ratskeller und dem Essighaus zu den beliebtesten Weinlokalen in Bremen. In der Eigenwerbung hieß es: »Altertümliches, feines Restaurant und Weingroßhandlung. Spezialität: Alte Bordeaux-Weine. Durch den großen Erweiterungsbau ist die Jacobi-Halle eine Sehenswürdigkeit ersten Ranges und ein Etablissement geworden, das in Deutschland seinesgleichen sucht. Es umfaßt den ›Weißen Saal‹ für ca. 300 Personen, den ›Kirchensaal‹ für ca. 140, den ›Trausaal‹ für ca. 100, den Weinkeller für ca. 100, den Kaisersaal für ca. 40, den ›Altbremer Saal‹ für ca. 30 Personen, ferner die alte Bierhalle im gotischen Stile, die neue anschließende Bierstube und verschiedene kleinere Gesellschaftszimmer.«

Die Ruine des kriegsbeschädigten Restaurants wurde 1960 abgerissen.

Die Langenstraße, die vom Markt bis zum städtischen Kornhaus führte, war stets die bedeutendste Bremer Kaufmannsstraße. Hier lag ein Altbremer Kaufmannshaus neben dem anderen. Die prächtigen Häuser dienten sowohl als Lager wie auch als Wohnungen für die Importeure und Exporteure. Auf dem rechten Bild erkennt man im Hintergrund das Essighaus von 1618 (zerstört) und die Stadtwaage von 1588 (wiederaufgebaut). Heute wird die Langenstraße zweimal unterteilt von der Bürgermeister-Smidt-Straße und von der Martinistraße. Die einstige Länge und Bedeutung der Straße lassen sich kaum noch erkennen.

Das um 1930 aufgenommene Bild zeigt die Giebel der Häuser Langenstraße 31 und 32.

Das Bild, das um 1880 entstand, zeigt die Diele der Firma Suding & Soeken an der Langenstraße (rechte Seite oben). Mit der Modernisierung der Geschäfte, vor allem mit der Trennung von Lager, Verwaltung und Wohnung, verschwanden die Bauten mit den geräumigen Dielen mehr und mehr aus dem Stadtbild. Heute existieren nur noch drei Kaufmannshäuser in Bremen, die eine derartige Innenaufteilung aufweisen, beispielsweise das Café Stecker in der Knochenhauerstraße.

Anfang des Jahrhunderts gab es schon Dachgärten in Bremen (rechte Seite unten). Im Hintergrund erkennt man den Turm der Ansgarikirche.

An der Langenstraße und an der Bredenstraße wurden um 1910 zahlreiche Kaufmannshäuser abgerissen, um Platz für den Neubau der Diskontobank, dem späteren Fernmeldeamt, zu schaffen. Das linke Bild zeigt den freigeräumten Bauplatz an der Bredenstraße. Im Hintergrund ist der Turm der Martinikirche zu erkennen.

Das Bild auf der rechten Seite zeigt die Baustelle an der Langenstraße (im Hintergrund die Liebfrauenkirche).

Der massige, von Johann Georg Poppe entworfene Turm der Baumwollbörse überragte die enge Straße Hinter dem Schütting (links). An der Ecke Tiefer/Balgebrückstraße (rechts) standen schlichte Kaufmannshäuser. Hier befand sich einst der »Gasthof zum König von Preussen«.

Bis zum Krieg gehörte die Martinistraße, die noch nicht die Langenstraße kreuzte, sondern hinter der Zweiten Schlachtpforte endete, zu den schönsten und ruhigsten Straßen in Bremen. Dort, wo um 1900 zwei sehenswerte Renaissance-Häuser standen (Bildmitte), errichteten die Architekten Heinrich Behrens und Friedrich Neumark 1915 das Verwaltungsgebäude der Dampfschifffahrtsgesellschaft »Hansa«. Um das Straßenbild nicht zu stören, bewahrten die Architekten den rechten Giebel ganz, während sie den linken im Renaissancestil nachbauten. Den mittleren Bauteil verwandelten sie in einen zentralen Eingangsbereich. Nach schweren Beschädigungen im Zweiten Weltkrieg wurde das Gebäude zur Martinistraße hin originalgetreu wiederaufgebaut. Heute befindet sich der Bau im Besitz der Handelskrankenkasse. Die Martinistraße wurde nach dem Krieg verbreitert, verlängert und zu einer Hauptverkehrsschneise ausgebaut.

Die Böttcherstraße wurde von Ludwig Roselius in den 20er Jahren Zug um Zug abgerissen und anschließend neu wieder aufgebaut. Das um 1926 aufgenommene Foto zeigt links den Bau der Bremen-Amerika-Bank und rechts das einer mittelalterlichen Klosterkirche nachempfundene St.-Petrus-Haus. Alt-Bremen sollte in der Böttcherstraße neu erstehen. Erst Bernhard Hoetger schuf mit dem Paula-Becker-Modersohn-Haus und dem Haus Atlantis auch avantgardistische Bauten in der schmalen Straße. Auf dem Bild fehlt noch das Haus Atlantis, das erst 1931 von Bernhard Hoetger fertiggestellt wurde.

Der Schnoor, aus der Vogelperspektive gesehen, hat sich in den letzten hundert Jahren kaum verändert. Das Bild zeigt den Schnoor vom Altenwall aus. Im Hintergrund sieht man die St.-Johanniskirche – seit 1816 wieder katholisch – und den hohen Bau der Baumwollbörse.

Das rechte Bild zeigt den liebevoll geschmückten Giebel des Hauses Schnoor 13.

»Bremen ist Stimmung in Grau, ist Enthüllung aller Farbreize, die in Grau eingeschlossen sind: das Grau hinter dem das Düstere und hinter dem das Helle wirkt; das Grau, das Vorläufer von Sturm und Unwetter ist, und das andere, das schleierhaft die Atmosphäre nur soweit zudeckt, daß man sie hinter ihm füllen kann. Bremen ist Himmel voll dramatisch bewegter Wolkengebilde, ist Sonnenuntergang in einer Explosion von Farben und ist Nachthimmel, dessen Sterne weich und groß im durchsichtig schwarzem Raume stehen. Bremen ist spärliche Tage der Sonne. Aber wenn die Sonne am Himmel steht entzaubert sie mehr Leben und Leuchten als anderswo. Auch bei den Menschen. Sie sagen Heimat und meinen das eine mit dem anderen: die grauen Tage und die hellen Tage.« (S. D. Gallwitz 1929)

Das Erscheinungsbild der Ostertorstraße wurde vor allem durch den Neubau des Gerichtsgebäudes 1895 und des Polizeihauses 1908 stark verändert. 1801 wurde auf der Ecke Am Wall/Ostertor das Haus der Union errichtet (linke Seite oben). Die Union war ein Klub junger Kaufleute, die sich zur Geselligkeit und zur Fortbildung zusammengefunden hatten. Das Klubhaus Am Wall war in den Jahren 1835 bis 1838 von Jacob Ephraim Polzin errichtet worden. Es mußte sieben Jahrzehnte später dem neuen Polizeihaus weichen (oben). Das machtvolle Polizeihaus wurde in den Jahren 1905 bis 1908 vom Berliner Architekten Börnstein errichtet. Die hohen Blendgiebel zum Ostertor sind nicht erhalten.

Die Ostertorstraße wurde im Krieg stark zerstört. Die Kaufmannshäuser der südlichen Straßenseite fielen den Bomben zum Opfer. Nur der Keller der Komturei blieb erhalten – überbaut vom gesichtslosen Neubau des Amtsgerichts. Das um 1885 aufgenommene Foto auf der linken Seite unten rechts zeigt die einstige Bebauung der Ostertorstraße.

Auch der Hurrelturm, ein letztes Fragment der alten Stadtmauer, der zeitweise als Gefängnisturm genutzt wurde, verschwand zugunsten des neuen Polizeihauses. Die Aufnahme entstand 1905 unmittelbar vor dem Abriß. Nur die Straße Hurrelberg, die den Wall mit der Buchtstraße verbindet, verweist auf den alten Standort des Turms.

Das Schauspielhaus am Goetheplatz war 1913 von den Architekten Abbehusen und Blendermann errichtet worden. Nach Kriegsbeschädigung wurde es von Hans Storm vereinfacht wiederaufgebaut (oben).

Auf dem sogenannten Tempelberg in den Wallanlagen entstand 1839 das Stadttheater (seit 1933 Staatstheater – Bild unten). Zwischen Theater und dem gegenüberliegenden Modehaus Stallmann & Harder (später Vereinigte Werkstätten für Kunst im Handwerk)entstand ein besonders sehenswerten Platz. Im Theatercafé traf sich das großbürgerliche Publikum. Heute ist der Ort verödet, der hintere Wall abgekoppelt vom urbanen Geschehen.

Die kleine Erhebung in den Wallanlagen, die direkt an der Weser liegt, wurde zu Ehren des Gartenarchitekten Isaak Hermann Altmann, dem Schöpfer der Wallanlagen, Altmannshöhe genannt. 1818 ließ man hier eine Windmühle errichten, die aber bereits 1893 nach Jahren des Leerstands und Verfalls wieder abgerissen wurde (oben). Heute befindet sich auf der Altmannshöhe das Denkmal für die Gefallenen des Ersten Weltkriegs, das 1935 errichtet worden ist.

Dort wo heute der Nordwestknoten liegt, erstreckte sich bis zum Krieg der letzte Zipfel der Wallanlagen. Die Straße zum Hafen, die die Anlagen am Stephanitor schnitt, wurde von einer kunstvollen Brücke überspannt (unten).

Von der Brücke, den Häusern und den Bäumen ließ der Bombenkrieg nur Schutt und Asche.

Eine der ältesten photographischen Bremen-Ansichten zeigt die Schlachte unterhalb der Martinikirche im Jahr 1860. Sieben Jahrzehnte zuvor hatte Freiherr von Knigge, der sich damals einige Jahre in Bremen aufhielt, geschrieben, daß er *»am liebsten ... hier in der Altstadt an der sogenannten Schlachte wohnen (möchte), wo die Ankunft und Abfahrt und das Inn- und Ausladen der Fahrzeuge auf der Weser einen Anblick voll angenehmer Abwechslung gewährt.«*

Die Wasserkunst diente vielen Photographen als Standort für einen Blick auf die Altstadt Bremens. Das Bild entstand noch vor der Rekonstruktion des Domes in den 90er Jahren des vergangenen Jahrhunderts: Nur ein Turm erhebt sich neben der Spitze von Unser Lieben Frauen.

Das Bild oben zeigt die Schlachte im Jahr 1873. Im Krieg wurde die Weserfront an der Schlachte teilweise zerstört. Der um 1750 erbaute Giebel des zweiten Hauses (von links) konnte gerettet werden und wurde nach dem Krieg an den Marktplatz versetzt. Er ziert dort die in den 50er Jahren neu erbaute Geschäftsstelle der Sparkasse.

Bis zum Zweiten Weltkrieg gründete die Mauer der Schlachte direkt in der Weser (rechte Seite oben). Schiffe konnten anlegen. Das Bild zeigt einen weiter weserabwärts gelegenen Teil der Schlachte an der Ecke zur letzten Schlachtpforte. Die erwähnte barocke Fassade, die an den Marktplatz gesetzt wurde, befindet sich am äußersten rechten Bildrand. Nach dem Krieg wurde der Schutt der zerbombten Häuser in die Weser gekippt. Auf den Trümmern von Renaissance und Barock entstand die heutige Uferpromenade. Die heute noch existente Mauer ist nichts anderes als der obere Teil der Schlachtemauer, die auf den historischen Ansichten zu sehen ist.

Im Jahre 1872, als die Kaiserbrücke noch nicht gebaut war, bot sich von der Straße Hinter der Mauer bis zur Martinikirche ein gewaltiges Panorama (rechte Seite unten). Die gegenüberliegenden Mauern des Teerhofs wirkten wie ein hohes Bollwerk in der Weser.

Im Januar 1881 wurden weite Teile der Altstadt überschwemmt. Die Bremer hatten immer wieder Überschwemmungen zu erleiden.

Im Februar 1841 schrieb der junge Friedrich Engels, der in Bremen zum Kaufmann ausgebildet wurde: *»Seit meinem letzten Briefe haben wir hier eine schöne Überschwemmung gehabt. Das Wasser stand ... zwölf bis vierzehn Zoll hoch in meiner Stube, und ich mußte zum Alten flüchten, der mich mit gewohnter Güte beinahe vierzehn Tage beherbergte. Da aber ging der Tanz erst recht los. Das Wasser stand anderthalb Fuß vor dem Hause, und damit es nicht in den Keller käme, der eine Luke hat, mauerten wir diese mit Kuhmist zu. Aber das malaziöse Wasser lief nun aus dem Keller des Nachbarn in unsren durch die Wand, und damit unsre schönen Rumfässer und Kartoffeln und vor allem der wohl assortierte Weinkeller des Alten nicht ersoff, mußten wir Tag und Nacht pumpen, vier Nächte hintereinander, die ich alle vier durchgepumpt habe. Wilhelm Leupold und ich blieben gewöhnlich zusammen, setzten uns hinter den Tisch aufs Sofa, auf dem Tisch einige Flaschen Wein, Wurst und ein großes Stück vom edelsten Hamburger Rauchfleisch. Dabei wurde geraucht, geschwatzt und alle halbe Stunde gepumpt. Es war sehr ergötzlich.«*

Auf dem linken Bild erkennt man die kleinteilige Bebauung des mittleren Teerhofs. Im Hintergrund erhebt sich der Turm der Ansgarikirche. Das rechte Foto zeigt die Schlachte mit der Martinikirche im Hintergrund.

Anfang des Jahrhunderts gab es nicht nur am Osterdeich und in Lankenau, sondern auch auf der Höhe der Altstadt Badeanstalten an und in der Weser. tummeln sich die Bremer in der Badeanstalt »Oberländer Hafen« (oben). Weiter weserabwärts in unmittelbarer Nähe der Kaiserbrücke befand sich eine schwimmende Badeanstalt.

An der Schlachte sind nur wenige Bauten der Vorkriegszeit zu finden, so die Martinikirche aus dem 13. Jahrhundert. Als Rudiment erhalten ist das Verwaltungsgebäude der Reis- und Handels AG, die sogenannte Reisbörse. Dem 1904 von Johann Georg Poppe errichteten Bau fehlt heute der hohe, das Weserufer beherrschende Giebel.

Etwa 1938, kurz vor dem Bau der Westbrücke, entstand das Bild unten mit den Türmen von Stephani, Ansgari und Unser-Lieben-Frauen.

Blick vom Tiefer auf die Neustadt. Im Hintergrund erkennt man die Große Weserbrücke (Börsenbrücke).

Unmittelbar an der Börsenbrücke stand die Villa des Weinhändlers von Kapff (rechte Seite). Börsenarchitekt Heinrich Müller hatte den Bau 1850 als markantes Stadttor entworfen. Zwischen von Kapffscher Villa und Börsenbrücke (Große Weserbrücke) entstand 1907 ein Denkmal (rechte Seite oben), das an den 1903 verstorbenen Ludwig Franzius erinnern sollte. Franzius hatte Ende des 19. Jahrhunderts die Weser begradigt und vertieft und damit wieder für Seeschiffe passierbar gemacht.

Das Denkmal hatte der gebürtige Bremer Architekt Friedrich Schumacher entworfen, der durch seine Arbeiten in Hamburg bekannt geworden war. Als 1960 die neue Weserbrücke (Wilhelm-Kaisen-Brücke) errichtet wurde, mußte das Denkmal, das den Krieg unbeschädigt überstanden hatte, verschwinden. Heute erinnert an der gegenüberliegenden Weserseite, nahe der Deutschen Gesellschaft zur Rettung Schiffbrüchiger, eine Büste an Franzius.

C.F. VOGELSANG TABAKFABRIK

Von der Kaiserbrücke aus gesehen war der Teerhof bis zum Krieg eine Speicherstadt (linke Seite oben). Im Hintergrund erhebt sich der alles überragende Bau der Baumwollbörse.

In der erst Anfang des 17. Jahrhunderts angelegten Neustadt waren die Häuser kleiner und bescheidener als in der Altstadt. Die Neustädter hatten erst 1848 dieselben Bürgerrechte wie die alteingesessenen Bürger der Altstadt bekommen. Auf dem Bild (linke Seite unten) sieht man die Straße am Deich in der Höhe der Brautbrücke.

An der Piepe, dem alten Holzhafen (oben), entstand 1910 das neue Rote-Kreuz-Krankenhaus. In einem Beitrag der Zeitschrift Niedersachsen hieß es: *»Sämtliche Krankenräume, die 120 Betten aufweisen, sind jetzt gegen Süden gerichtet und empfangen Luft, Licht und Ruhe vom Wasser her. An dessen Böschung gewährt eine ausgedehnte Gartenanlage in der günstigen Jahreszeit genügend Platz zur Erholung. Beim Eintritt ins Gebäude haben wir eins der alten Torhäuschen zu passieren, die noch aus Bremens ›Festungstied‹ erhalten sind, das aber jetzt als Portierwohnung Verwendung gefunden hat. Von der Vorstadtseite her fallen zunächst die weiten Liegehallen ins Auge, die sich in zwei Geschossen vor der ganzen Breite des Hauses herziehen. Sie sind so weit aus der Mauer vorgestreckt, daß man die Kranken in ihren Betten hineinfahren kann. Hier haben sie Licht und Luft in Fülle.«*

Zwischen Kornhaus und Kaiserbrücke befand sich bis zum Zweiten Weltkrieg der Anleger für Passagierschiffe (oben). Im Hintergrund des Bildes erkennt man den Turm der Stephanikirche.

Die sogenannte Wichelnburg war seit 1524 eine Bastion an der Weser in der Höhe des Stephaniviertels. Ab dem 17. Jahrhundert wurde die Befestigungsanlage mit Wohn- und Packhäusern überbaut. Auf dem Bild rechts oben sieht man die Wichelnburg zur Wasserseite, auf dem Bild rechts unten sieht man sie von der Stadtseite aus. Die Wichelnburg gehörte zu den vielen romantischen Orten im alten Bremen.

Weder an der Weser noch im Stephaniviertel sind Reste der alten Bastion geblieben. Selbst die Ortsbezeichnung ist aus den Straßenplänen verschwunden.

Bremen 1932
Wichelnburg

Vermutlich Lüder von Bentheim hat das Neue Kornhaus 1591 als städtischen Getreidespeicher errichtet (links). Eine Tafel an der Langenstraße trug folgende Inschrift: *»Rolandt hat diese Kornscheuren/ An Stat der Alten Stattmauren/ Lassen an diesen Ordt bawenn/ In Behof seiner getrawenn/ Bürgerschaft Damit Sie han Brodt/ In Teurungs Zeit uns Krieges Nodt«*. Der im Zweiten Weltkrieg schwer beschädigte Bau wurde in den 50er Jahren abgetragen. Die Ziegel des Kornhauses konnten beim Wiederaufbau des Roselius-Hauses in der Böttcherstraße wiederverwendet werden.

Die Großenstraße (rechts) führte an der Rückseite der großen Packhäuser entlang. Hier lagerten edle Weine und exotische Güter. Die Packhäuser wurden im Zweiten Weltkrieg total zerstört.

Aus der Luft läßt sich die Struktur des Stephaniviertels am besten erkennen. Während an der Weser hochaufragende Packhäuser stehen, liegen im rückwärtigen Teil, nahe der Wallanlagen, kleine Häuser an kleinen Gassen. Im Hintergrund erkennt man die Doventorsmühle, die erst im Zweiten Weltkrieg zerstört wurde.

Man sieht auf dem Luftbild zudem, daß das Stephaniviertel einst eine größere Ausdehnung besaß. Der Nordwestknoten tangierte noch nicht die westliche Altstadt. Allerdings begannen bereits in den späten 30er Jahren die Abrisse, um Platz für die Westbrücke zu schaffen. Das Luftbild, das um 1930 aufgenommen wurde, zeigt einen idyllischen Zustand wenige Jahre vor der Zerstörung.

Blick in die Großenstraße um 1930: Im Vordergrund erkennt man das Amtsfischerhaus, ein *»historisches Bier- und Weinlokal, eingerichtet nach Entwürfen von Heinrich Vogeler, Worpswede«*, wie es in einer zeitgenössischen Anzeige hieß.

Die Großenstraße kurz vor Ausbruch des Zweiten Weltkrieges. Hier lebten Kohlenhändler, Fuhrmänner, Tapezierer, Schiffszimmerer und Flußschiffer.

Die Kleine Krummenstraße war eine für das Stephaniviertel charakteristische Straße. Das Stephaniviertel, im Mittelalter das Quartier der Handwerker, galt im 19. Jahrhundert als heruntergekommene Wohngegend ärmerer Schichten. Erst seit der Jahrhundertwende, seitdem Bremen mehr und mehr Industriestadt wurde, begannen sich Touristen für die kleinen Gassen, die von allen Modernisierungen unberührt schienen, zu interessieren. Die Gassen und Gänge galten plötzlich als urtümlich, heimelig und besonders altstädtisch. Anton Kippenberg schrieb 1936 – schon mit sentimentalem Unterton: »*In der Kleinen Krummenstraße wohnte ein Schuster namens Focke, der wie so viele Schuster ... beim geheimnisvollen Leuchten seiner Schusterkugel über die göttlichen und irdischen Dinge tief nachsann und spintisierte. Nach Feierabend pflegten sich die Nachbarn in seiner Werkstatt oder an schönen Sommerabenden vor dem Haus um seinen Schusterschemel zu versammeln und den Weisheiten und Belehrungen des Schusters, die bald in plattdeutscher, bald in hochdeutscher Sprache aus seinem Munde kamen, zu lauschen.*«

Auch hinter der Sparkasse am Brill gab es vor dem Krieg noch kleine, mit giebelständigen Häusern bebaute Gassen (oben rechts). Die Grützmacherstraße, die auf dem Bild zu sehen ist, wurde jedoch bereits 1934 komplett abgerissen. Von der Stephanitorswallstraße gab es einen schmalen Zugang zum Grotenhof (rechte Seite). Im Stephaniviertel existierten viele solcher »Gänge«, beispielsweise die Wasserstraße, die Stöverstraße oder der Hollmannsgang.

Der schmale Stephanikirchgang mit dem hohen Fachwerkgiebel (links) wurde nach der Jahrhundertwende häufig photographiert. Die kleinen Häuser mit ihren Erkern oder Utluchten an der Töferbohmstraße (oben rechts) sind nicht mehr erhalten.

Das Bild zeigt die Straße Vor dem Stephanitor im Jahre 1930.

Die alte Börsenbrücke, die auf dem Bild oben zu sehen ist, wurde in den Jahren 1839 bis 1841 errichtet. In den Jahren 1893 bis 1895 wurde die Brücke durch einen Neubau etwas weiter stromaufwärts ersetzt. Das um 1880 aufgenommene Bild zeigt direkt neben dem Brückenkopf die Stadtvilla des Weinhändlers von Kapff. Im Hintergrund sieht man den alten, noch nicht erhöhten Domturm.

Die Börsenbrücke von 1895, die monumentaler als der Vorgängerbau wirkt, stand bis 1960 (unten).

Gustav Peter, Redakteur des Bremer Tageblatts, verließ im Sommer 1909 für einen kurzen Augenblick den eingefahrenen Rahmen aktueller Berichterstattung. Unter der Rubrik »Lokales« schrieb er am 3. Juli über einen Abend an der Weser: *»Die Weserufer mit den himmelragenden Giebeln der alten Packhäuser, vor denen sich die schwerfälligen Leichter mit ihren geräumigen schwarzen Bäuchen eng zusammendrängen, weisen gerade hier ein für unsere Vaterstadt charakteristisches Gepräge auf. Bildet nun der Himmel als Hintergrund von riesenhaften Dimensionen ein einziges glühendes Feuermeer, so erscheint das ganze wie von einem eigenartig fremden Märchenzauber übergossen. Die eckigen schwarzen Schattenkonturen der altertümlichen Gebäude treten in fast drohender Schärfe hervor, während alle die unzähligen kleinen Fensterscheiben, die sonst so trüb und blind aussehen, im rötlich metallischen Goldglanz funkeln und schimmern und leuchten. Und der liebe alte Fluß selbst spiegelt den himmlischen Feuerzauber in wunderbarer, fast gespenstischer Bewegung wider. Farben und Schattennuancen von der duftigsten Zartheit huschen und flimmern mit geheimnisvoller Behendigkeit über seinen breiten Rücken dahin, und die ganze glühende Atmosphäre scheint von einem leisen und doch deutlich vernehmbaren Raunen und Flüstern, Singen und Klingen erfüllt zu sein. Uralte Sagen und Geschichten der meergebietenden Hansa scheinen Schattengestalt anzunehmen vor dem traumverschleierten Auge des schönheitversunkenen Beschauers, der auch Ohren hat zu hören.«*

Die Börsenbrücke oder Große Weserbrücke, deren Anfänge bis in das 13. Jahrhundert zurückreichen, wurde von den Bewohnern der Neustadt täglich benutzt, um zu ihren Arbeitsstätten im Zentrum zu gelangen (oben). Oberhalb der Börsenbrücke befand sich um 1930 ein kleiner Bootsanleger (unten).

Im Jahre 1910 wurde eine neue Brücke über die Kleine Weser fertiggestellt, die Kleine Weserbrücke. Die mächtigen, vom Karlsruher Architekten Rauschenberg entworfenen Torbögen sollen den Eindruck der nackten und kalten Ingenieurskonstruktion verdecken. Doch die aufwendige Brückenverkleidung erwies sich schnell als unpraktisch: die Torbögen behinderten die Durchfahrt von hohen Lastkraftwagen. Das Bild zeigt den Blick von der Herrlichkeit zum Tiefer und zu den Osterdeich-Wiesen.

Bremen in den 20er Jahren: Das Bild oben entstand auf der Kaiserbrücke.

Die in den Jahren 1872 bis 1875 errichtete Kaiserbrücke wurde bereits 1913 bis 1916 durch einen Neubau ersetzt (linke Seite). Das Bild aus den 20er Jahren zeigt rechts den Teerhof mit dem Vorgängerbau der heutigen Weserburg. Im Hintergrund erkennt man die Ansgarikirche, den Lloyd-Turm und das hohe Gebäude der Reis- und Handels AG.

Eine Straßenbahn fährt über die Kaiserbrücke (Bild linke Seite unten). Der Fotograf, der am alten Anleger für Passagierschiffe steht, blickt stromaufwärts. Rechts im Bild sieht man den Teerhof, im Hintergrund die Wasserkunst.

Die Brücke für die Bremen-Oldenburger Bahn wurde 1866 errichtet (oben). Von links nach rechts sieht man den Weserbahnhof, der den Hafen direkt ans Schienennetz anband, die 1911 abgebrannte Stephani-Mühle und das Armenhaus, das spätere Focke-Museum.

Mit der Eisenbahnbrücke wurden die Schlachte und die Packhäuser an der Großenstraße endgültig vom Seeschiffsverkehr abgeschnitten.

Ratsbaumeister Hermann Brüggemann errichtete in den Jahren 1696 bis 1698 das Zucht- und Armenhaus in der hintersten Ecke des Stephaniviertels, direkt an der Weser. Das Bauwerk mit dem Dachreiter und dem Innenhof scheint von holländischen Vorbildern beeinflußt. Kurz vor dem Ersten Weltkrieg bezog das Focke-Museum das ehemalige Armenhaus. Das untere Bild zeigt den Innenhof kurz vor dem Zweiten Weltkrieg. Die alliierten Bomber ließen vom ehrwürdigen Bauwerk nichts übrig. Heute erinnert allein ein in den 50er Jahren angelegter Museumsgarten an vergangene Zeiten.

Im Jahre 1939 wurde Woltmershausen mit dem Stephaniviertel, den Freihäfen und der Bahnhofsvorstadt verbunden (linke Seite). Für die Zufahrtstraßen zur Brücke mußten zahlreiche Wohn- und Lagerhäuser abgerissen werden. Das Armenhaus blieb jedoch verschont – vorerst zumindest.

Die Eisenbahnbrücke und die neue Westbrücke (zeitweise »Adolf-Hitler-Brücke« genannt) bildeten einen wichtigen Verkehrsknotenpunkt und waren die Ursache für die heftige Bombardierung des Stephaniviertels im Zweiten Weltkrieg.

Im Jahre 1939 wurde die Westbrücke als »Adolf-Hitler-Brücke« eingeweiht (Bild oben). Der Photograph blickt vom Gelände der Rickmers-Reiswerke auf die neue Westbrücke kurz vor der Fertigstellung. Im Hintergrund sieht man das damalige Focke-Museum und die Brücke der Oldenburger Bahn.

Die Sielwallfähre wurde bereits vor dem Krieg gerne benutzt, um sich zum Stadtwerder übersetzen zu lassen.

Freizeitvergnügen am Osterdeich. Im Hintergrund sieht man die Bootshäuser der Rudervereine und die dominante Wasserkunst.

Strandleben am Osterdeich. Das Bild oben entstand um 1908.

Seit der Jahrhundertwende gab es alkoholfreie Speisehäuser und Kaffeestuben. Die bekannteste alkoholfreie Gaststätte in Bremen war sicher der kleine Rundbau am Osterdeich, der nach der Gründerin des Deutschen Frauenbunds für alkoholfreie Kultur Ottilie-Hoffmann-Haus genannt wurde.

Im Jahre 1847 wurde die Eisenbahnstrecke Wunstorf–Bremen eröffnet. Der Architekt Alexander Schröder hatte den dazugehörigen Abfertigungsbau, den Hannoverschen Bahnhof, entworfen (oben).

Nachdem 1889 der Hauptbahnhof fertiggestellt war, wurde 1890 der Hannoversche Bahnhof abgebrochen.

An der Bahnhofstraße (unten) war Bremen Metropole. In den zahlreichen Hotels, die zwischen Bahnhof und Herdentor lagen, wohnten die ausländischen Geschäftsleute, die mit Bremer Kaufleuten über Margen und Gewinne verhandelten.

Nach einer Aufstellung aus dem Jahre 1912 warteten allein an der Bahnhofstraße genau 18 Hotels auf die Gäste. Zu den ersten Häusern gehörten das Hotel Kaiserhof oder das Hotel Stadt München. Das Foto zeigt die Bahnhofstraße zur Jahrhundertwende.

Der Bremer Architekt Heinz Stoffregen errichtete 1925 auf dem Bahnhofsplatz am Breitenweg ein Ausstellungsgebäude, dessen turmartiger Aufbau dazu diente, beleuchtete Großplakate zu zeigen. In einer zeitgenössischen Baubeschreibung ist zu lesen, daß *»in diesem Turm 160 Großplakate auf allen vier Seiten den Vorübergehenden dauernd abwechselnd durch mechanisch-elektrische Auslösung von morgens bis in die Nacht gezeigt werden. Die Plakate haben eine Ausdehnung von 4 auf 6 m. Es ist das eine ganz neue, bisher noch nirgends angewendete Art der Reklame.«*

Die Central-Hallen am Breitenweg (oben) waren bis zum Krieg beliebter Veranstaltungsort für Konzerte und Varieté. *»Das Etablissement enthält gegenwärtig ... 3 grosse Concert- und Theatersäle mit 2 stabilen Bühnen, 2 Speisesäle, 2 Biertunnel, 1 grosses Bierrestaurant, 4 Kegelbahnen, sowie mehrere kleine Säle für Clubs, Gesellschaften etc.«* (1896)

Das Bild rechts zeigt den Haupteingang zum Europa-Palast im Jahr 1929. Heute wird hier immer noch für Kinofilme geworden – nur der Bauschmuck an den Säulen ist verschwunden.

Und das neu erbaute Metropol-Lichtspieltheater an der Ansgaritorstraße (rechte Seite) zeigte 1929 Fritz Langs berühmtesten Film: Metropolis.

METROPOLIS
METROPOL
METROPOLIS

Am Wandrahm gab es 1880 noch eine Pferdefeuerwehr (linke Seite oben).

Das Bild unten zeigt die Straße Auf den Häfen, die zur Rembertikirche führte. Die 1871 vom Börsenarchitekten Heinrich Müller errichtete Kirche wurde erst nach dem Krieg abgerissen – für den Rembertikreisel mußte Platz geschaffen werden. Auch die Bebauung Auf den Häfen, die auf dem Bild zu sehen ist, wurde nicht von Bomben, sondern von Baggern zerstört.

Die im Jahr 1900 errichtete Michaeliskirche, die hinter dem Arbeitsamt stand, mußte dem neuzeitlichen Straßenbau weichen. Die moderne, 1966 gebaute Michaeliskirche steht am Doventorsteinweg.

Im Jahre 1890 gab es eine kleine Weltausstellung in Bremen: die Nordwestdeutsche Gewerbe- und Industrieausstellung im Bürgerpark. Für das Jahrhundertereignis wurden phantasievolle Bauten errichtet, die bis auf einen kleinen, heute als »Waldbühne« bekannten Pavillon allesamt verschwunden sind.

Auf dem zugefrorenen Torfhafen an der Findorffer Neukirchstraße vergnügen sich Schlittschuhläufer. Im Hintergrund des um 1870 entstandenen Bildes sieht man die Wagen, mit denen der Torf in die Stadt transportiert wurde.

Vom alten Torfhafen, der über Kanäle mit den Moorgebieten verbunden war, ist nur ein kleines Stück erhalten. Auf dem zugeschütteten Teil findet heute regelmäßig der Findorff-Markt statt.

Von 1909 bis 1934 fand der Freimarkt in der Neustadt auf dem Hohentorsplatz statt. Die Aufnahme, die Ende der 20er Jahre entstand, zeigt links neben dem Freimarkt die Baugrube für den Neustädter Bahnhof. Im Hintergrund erhebt sich der Turm der Ansgarikirche.

Im Mai des Jahres 1928 gastierte der Zirkus Sarrasani auf dem Hohentorsplatz. Damals war der Rohbau des Neustädter Bahnhofs bereits weitgehend fertiggestellt. Im Vordergrund des Bildes sieht man die Hohentors-Torhäuser. Links ist das Gebäude der Neustädter Feuerwehr mit seinem Eckturm zu erkennen. Im Hintergrund liegt der Hohentorshafen.

An der Mainstraße wurde 1906 ein Bauernhaus in ein Kinderheim umgebaut, in dem die Kinder berufstätiger Mütter tagsüber versorgt wurden. Das Heim war nach damaligem Geschmack höchst modern von der Innenarchitektin Elisabeth von Baczko eingerichtet worden, einer Schülerin des radikalen Lebensreformers Paul Schultze-Naumburg. In einem Bericht des Bremer Tageblatts hieß es damals: *»Und herrlich werden die Kinder es haben in diesem neuen behaglichen Heim; ganz prächtig werden sie darin aufgehoben sein, denn es ist mit einer Liebe und Sorgfalt ausgestattet worden, daß es so leicht nicht seines Gleichen findet.«*

Der Hohentorshafen entstand als »Sicherheitshafen« in den Jahren 1841 bis 1842. In dem als Hafen deklarierten Abschnitt des alten Wallgrabens nahe dem Hohentor konnten Schiffe den Winter verbringen – der gelegentlich heftige Eisgang auf der Weser konnte ihnen so nichts mehr anhaben. 1872 wurde der Sicherheitshafen um den Woltmershauser Kanal, der dem heutigen Hafenbecken entspricht, ergänzt. Auch ein Hafenhaus mit Turm entstand damals (oben und rechte Seite).

Nach dem Krieg dann wurde der alte Sicherheitshafen zugeschüttet. An das einstige Hafenbecken erinnert allein eine Straßenbezeichnung.

Dort wo sich heute Anlagen der Brauerei Beck & Co. erstrecken, lagen einst die Reiswerke Rickmers (linke Seite oben). Das Luftbild, das im Februar 1928 aufgenommen wurde, zeigt die Fabrikationsanlagen und im Hintergrund das gegenüberliegende Altstadtufer.

Der in den Jahren 1857 bis 1859 errichtete Weserbahnhof (links unten) sollte den Schiffsverkehr mit dem Eisenbahnverkehr verbinden (linke Seite unten). Von der gründerzeitlichen Architektur ist nach dem Krieg nichts geblieben. Die historischen Kaimauern verschwanden hinter einer Stahlspundwand.

Die Reiswerke Gebrüder Nielsen (oben) hatten ihren Firmensitz rechts der Weser, genau dort wo seit 1975 Kelloggs produziert. Im Hintergrund sieht man den Europahafen mit den Schuppen- und Speicherreihen.

Das Bild zeigt Rammarbeiten im Zuge der 1887 bis 1895 durchgeführten Weserkorrektion. Dank der Begradigung und Vertiefung der Weser konnten Seeschiffe Bremen nun wieder anlaufen. Die von Ludwig Franzius geplanten und überwachten Arbeiten waren ein voller Erfolg.

Die Weserkorrektion war die Voraussetzung zum Bau neuer, moderner Häfen in unmittelbarer Nähe der Stadt. Für den erwarteten Boom reichten der schon existierende Hohentorshafen und der Weserbahnhof nicht aus. In den Jahren 1885 bis 1888 wurde deshalb der Freihafen I ausgebaggert, der heutige Europahafen. Das Foto zeigt das Kopfende des zwei Kilometer langen Beckens während der Bauarbeiten.

In unmittelbarer Nähe des neuen Hafens entwickelten sich die Dörfer Walle und Gröpelingen innerhalb weniger Jahre zu ausgedehnten Arbeitervorstädten.

Am Kopf des Europahafens wurde 1888 das monumentale Hafenhaus fertiggestellt. Den fremden Schiffern sollte der Stolz und die Größe der Hansestadt architektonisch eindrucksvoll vor Augen geführt werden.

Vor allem an Wochenenden kamen zahlreiche Besucher – Bremer und Touristen – zum Hafenhaus, das direkt an das Straßenbahnnetz angeschlossen war. Vom Hafenhaus aus konnte man meist in ein volles Freihafenbecken blicken, hier ließ sich Hafenatmosphäre authentisch erleben. Vom Turm des symmetrischen Gebäudes fiel jeden Tag um 12 Uhr ein Zeitball. Den Hafenarbeitern, die oftmals keine Armbanduhr besaßen, wurde so signalisiert, daß sie in die Mittagspause gehen können.

Durch Bombentreffer beschädigt, wurde das Hafenhaus nach dem Krieg abgerissen. Heute befindet sich hier die zum »Eduscho Terminal« umgebaute RoRo-Anlage.

Auch am Kopf des Überseehafens bot sich den Bremen-Besuchern in den 30er Jahren ein eindrucksvolles Panorama. In einem Reiseführer von 1934 hieß es: *»Hier sind die Zehn- und Zwanzigtausend-Tonner zu Hause, die Riesen des Atlantiks, die Liniendampfer nach Amerika, Australien und Ostasien. Mit über 4 Millionen Netto-Registertonnen weist Freihafen II den stärksten Seeverkehr auf, den irgendein Hafenbecken der Welt für sich allein verzeichnen konnte. Kaum hat ein Schiff festgemacht, schwingen schon Greifer und Kräne über den weitgeöffneten Luken, und Kolonnen von Schauerleuten sind am Werke, Güter zu bergen und zu verstauen. Auf Stunden genau ist der Aufenthalt jedes Schiffes berechnet. ... Hier gebietet das im Weltmaß verstärkte Tempo der Zeit.«*

Der Freihafen II (linke und rechte Seite) ist der heutige Überseehafen.

»Es ist vielleicht kein bequemer, sicher aber ein kurzweiliger Weg im Freihafen II bis zum Ende der Kaje nach Schuppen 15/17. ... Wenn Gefahr ist, auf der Kaje ins Gedränge zu kommen, steht jederzeit die Flucht in die Schuppen offen. ... Erst in den Schuppen ist Muße nachzuschauen, was die fremden Kontinente an Erzeugnissen gesandt haben und was sie von Deutschland dafür eintauschen.«

(Hanns Meyer 1934)

Das Bild zeigt den Holz- und Fabrikenhafen um 1920. Die Hansamühle, die in der Bildmitte zu sehen ist, war 1915 fertiggestellt worden. Der Turm der Rolandmühle fehlt hingegen noch. Links im Bild sieht man ein Mühlengebäude der Bremen-Besigheimer-Ölfabrik, heute Meistermarken-Werke.

Am 15. März 1928, als das Luftbild aufgenommen wurde, stand der »Wolkenkratzer« der Rolandmühle bereits – angeblich der seinerzeit höchste Industriebau in ganz Europa.

Rechts neben der Mühle erstrecken sich die Speicher der Firma Bachmann, die dem Hafen ein wenig Speicherstadt-Romantik verleihen.

Am 21. Oktober 1926 besuchte Reichspräsident Paul von Hindenburg Bremen. Mit dem Lloyd-Tender »Vorwärts« (rechte Seite) unternahm er eine Rundfahrt durch die Häfen. Das Bild oben zeigt Hindenburg auf dem Oberdeck.

Der Kran der AG »Weser« überragte einst ganz Gröpelingen (oben). Er war das Wahrzeichen des Stadtteils. Neben der Stahlkonstruktion erkennt man das Verwaltungsgebäude der Werft und davor, ganz klein, die alte Gröpelinger Kirche. Sie bildete vor der raschen Verstädterung des Ortes den Mittelpunkt des Dorfes. Die Kirche, die noch mittelalterliche Fresken besaß, wurde für den Neubau der Hafenrandstraße nach dem Krieg abgerissen.

Nach der Fertigstellung der »Bremen IV« auf der »Use Akschen«, wie die Gröpelinger »ihre« Werft, die A.G. »Weser«, liebevoll nannten, erreichte die Weltwirtschaftskrise Bremen: Mehrere tausend Werftarbeiter wurden auf einen Schlag entlassen.

Am 9. Juni 1928 lag die »Bremen IV« noch auf dem Helgen der Werft (rechts oben). Am 24. Juni 1929 konnte dann das Schiff, das später als der schnellste Dampfer auf dem Atlantik berühmt wurde, nach Bremerhaven überführt werden. Viele tausend Menschen säumten damals die Ufer, um dem seltenen Ereignis beizuwohnen (rechts unten).

Im Jahre 1934 wurde auf der AG »Weser« der 18185-BRT-Ostasienschnelldampfer »Scharnhorst« gebaut. Beim Stapellauf am 14. Dezember 1934 war Adolf Hitler persönlich anwesend. Die traditionell kommunistisch und sozialistisch orientierte Belegschaft der Werft bereitete dem »Führer« einen eisigen Empfang.

Auf dem kleinen Bild sieht man Nieter bei der Arbeit, die auf der Werft als eine der anstrengendsten galt: Die Nieten wurden am offenen Feuer erhitzt und noch glühend in die Eisenplatten des Schiffsrumpfes getrieben. Mit der Einführung moderner Schweißtechniken verschwand der Beruf des Nieters aus dem Schiffbau.

Das Luftbild oben, das im Februar 1928 aufgenommen wurde, zeigt die noch kaum bebauten Industriehäfen. In der Bildmitte kann man den Bau der Kali-Verkehrsanlage erkennen. Rechts im Hintergrund liegen die Bauten der Norddeutschen Hütte.

Vor dem Beitritt Bremens in den Zollverein (1888) wurden die Industriebetriebe vor den Toren der Hansestadt im Zollausland gegründet. So mußten die Produkte, die ins Deutsche Reich gingen, nicht extra verzollt werden. Die größten Fabriken entstanden damals in Delmenhorst oder in den noch nicht eingemeindeten Orten Hemelingen und Blumenthal. Die Luftaufnahme rechts oben zeigt die Bremer Wollkämmerei Ende der 20er Jahre. Im Hintergrund sieht man die Häuser Blumenthals.

Weihnachtsstimmung am Überseehafen (rechts unten).

Das Photo oben zeigt die stolze Belegschaft der Focke-Wulf Flugzeugbau AG: die fünfzigste Maschine war fertiggestellt worden. Henrich Focke, der Gründer des Unternehmens, interessierte sich seit frühester Jugend für den Flugzeugbau. Bereits 1909 hatte er im Focke-Museum, das von seinem Vater geleitet wurde, erste Hubschraubermodelle gebaut. Mit Henrich Focke begann damals die Geschichte der Bremer Flugzeugindustrie, die heute von der DASA fortgesetzt wird.

Im Jahre 1938, kurz vor Ausbruch des Zweiten Weltkriegs, kam die U-Boot-Flottille »Lohs« nach Bremen. Das Bild (rechts oben) entstand im Überseehafen.

Auf der Rückseite des Bildes rechts unten heißt es: »Gerd Achgelis im Rückenflug«(rechte Seite unten). Als das Foto aufgenommen wurde, im Jahr 1933, verdiente Achgelis sein Geld mit waghalsigen Test- und Kunstflügen auf dem Bremer Flugplatz. 1934 und 1936 wurde er Kunstflugweltmeister in Amerika. Zusammen mit dem Flugzeugbauer Henrich Focke gründete Achgelis 1937 in Hoykenkamp bei Delmenhorst die erste Hubschrauberfabrik der Welt.

Seit dem ausgehenden 18. Jahrhundert entstanden rund um Bremen vornehme Landgüter mit klassizistischen Landhäusern. Der Kaufmann, Reeder und kaiserlich-österreichische Konsul Carl Philipp Cassel beauftragte um 1795 den Baumeister Deetjen mit dem Bau eines vornehmen Landhauses, dem »Gut Landruhe« (oben).

Im Jahre 1577 entstand das Zollhaus am Warturm, das sogenannte Storchennest. Das Foto rechts oben, das noch die alte Holzbrücke zeigt, wurde vor 1900 aufgenommen. Im Jahr 1901 mußte die Holzbrücke einer Steinbrücke weichen.

Von Tarmstedt nach Bremen verkehrte einst die Jan-Reiners-Kleinbahn. Das Bild rechts unten wurde auf dem Bahnhof Bürgerweide aufgenommen.

Am Ufer der Weser lebte einst der Schriftsteller Manfred Hausmann. 1932 erschien sein Buch »Abel mit der Mundharmonika«, in dem er die Flußfahrt zweier Vegesacker Freunde beschreibt. Die Fahrt von Peter und Jumbo beginnt im alten Hafen von Vegesack. *»Kurz nach acht lief die ›Scharhörn‹, ein gedrungener Kutter von elf Meter Länge, bei drei Meter vierzig Breite, mit leichter nördlicher Brise aus dem Vegesacker Hafen aus, das kippelige Beiboot hinter sich herziehend. ... Noch herrschte ein Rest von Dämmrung in der Luft, es war noch nicht völlig Nacht. Der Himmel stand noch durchsichtig und weit über der dunklen Landschaft. Sein Widerschein ließ das Wasser wie Blei aussehen. Ununterbrochen schaukelten graue und weißliche Flecke durcheinander. Die ›Scharhörn‹ schob sich mit gefierten Schooten lautlos hindurch. ... An den fernen Ufern, die sich als flache Schattenstreifen hinzogen, stieg da und dort der schwarze Umriß einer Pappelgruppe empor. Zuweilen flämmerte ein Licht herüber. Ein Kiebitz schwang sich hoch, überschlug sich und taumelte wieder herab. Mit langsamen Flügelschlägen ruderte ein Fischreiher unter dem Himmel hin. So ein Abend, dachte Peter, so ein Abend auf der Weser, das lohnt sich schon.«*

Das Bild oben, das den Blick auf Vegesack von der Grohner Dühne aus zeigt, entstand 1905. Daß Vegesack einst ein bedeutender Fischereihafen war und eine der größten Heringsfängerflotten Europas beherbergte, davon zeugt das Bild auf der rechten Seite. An der Kaimauer lagen die »Logger«, mit deren Bau der Bremer Vulkan auf dem Weg zur Großwerft erste Erfolge hatte. Auf dem Kai lagerten Tonnen mit Hering, der meist schon an Bord eingesalzen und somit haltbar gemacht worden war.

Im Zweiten Weltkrieg wurden Wohnquartiere, Industriereviere und Teile der Innenstadt zerstört. Die Nachtaufnahme zeigt den brennenden Teerhof am 13. Oktober 1940.

Schon beim 61. Luftangriff auf Bremen, am 12. Mai 1941, wurden die Speicher beim Stephanibollwerk getroffen (linke Seite oben). Links im Hintergrund kann man einen Kran des Europahafens erkennen.

Das Bild oben, das im Vordergrund das teilweise zerstörte Verwaltungsgebäude der Schifffahrtsgesellschaft »Hansa« zeigt, entstand nach dem 137. Luftangriff im Oktober 1944. Am Beispiel des »Hansa«-Gebäudes läßt sich deutlich erkennen, daß viele Fassaden dem Bombenkrieg widerstanden. Ein behutsamer Aufbau nach altem Vorbild wäre nicht nur an der Schlachte fast durchgängig möglich gewesen. Doch die Bremer wollten modern sein ...

Abfahrt einer Postkutsche

Bildnachweis

Beckmann: 11, 13, 21, 22, 24o, 25, 27, 28, 29, 30, 31, 32, 34, 36, 37, 38, 40, 42, 43, 44, 45o., 48, 49, 52u., 54, 55o., 60, 64u., 69u., 70r., 72, 74r., 76, 77, 86u., 88, 89, 90, 94, 95, 114, 115u.; BLG: 101, 102u., 104, 105, 106, 107, 108, 109; Cüppers: 126u., 127; Kippenberg: 50, 96, 122, 123o.; Koch: 61; Köster: 126o.; Reil: 8, 35, 68, 73, 119u.; Stickelmann: 33, 86u., 87; Sammlung Photo Wurthmann: 11, 14, 15, 16, 17, 39, 54, 57, 62o., 67, 82, 84, 87, 98, 99, 102o., 103, 111, 115, 118, 119o., 123u.

Alle übrigen Abbildungen: Staatsarchiv Bremen, Ralf-Haben-Archiv und Verlagsarchiv.

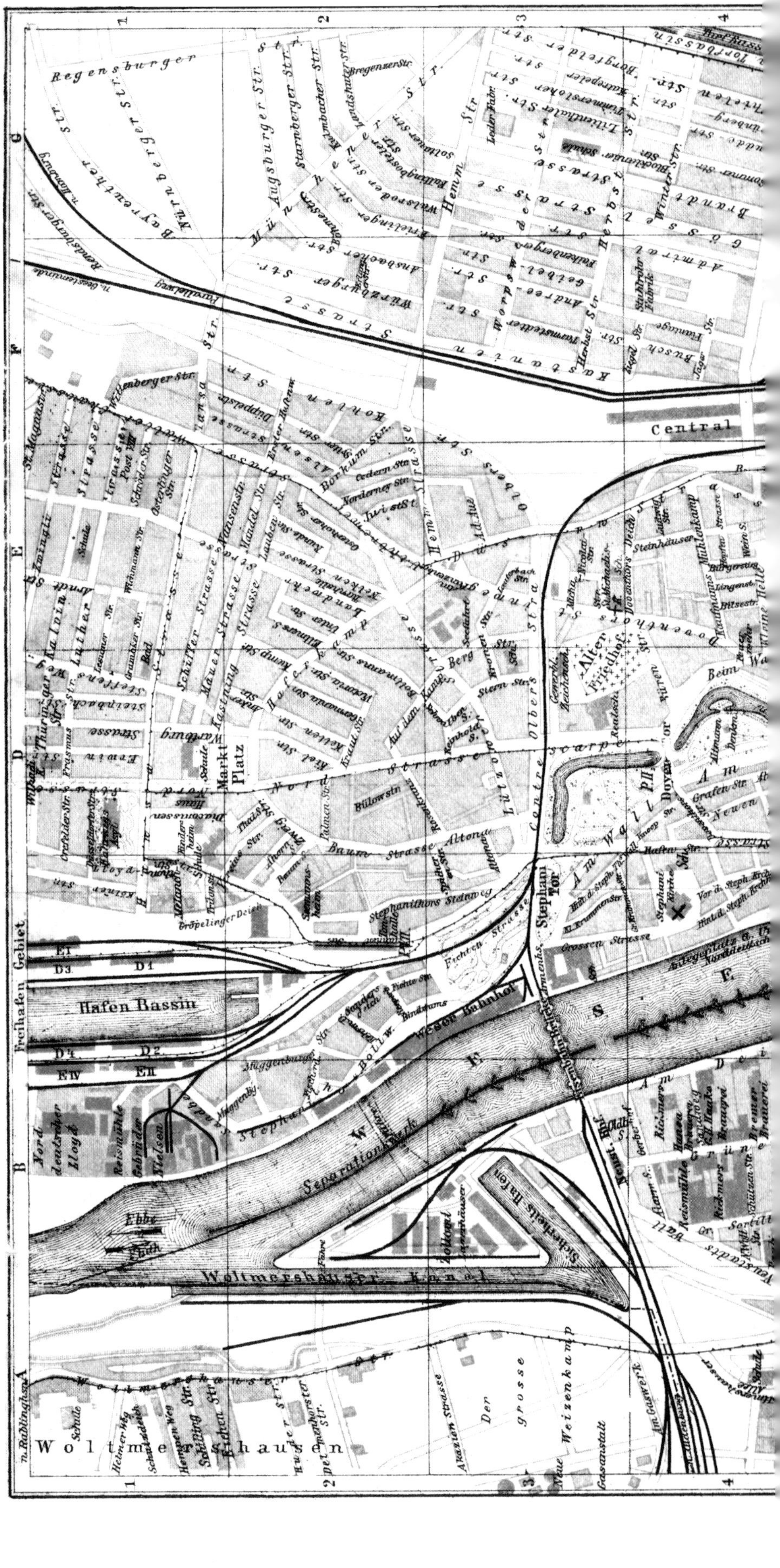

Karte von Bremen
aus: Illustrierter
Führer durch Bremen
mit Bremerhaven und
Umgebung.
Leo Woerl, 1908